Nubar Jorge Hamparzoumian Herrero-Botas

AF174531

El Santo Rosario

Meditando la belleza
del Evangelio

3ª edición

Imagen de cubierta: James Coleman

Diseño de cubierta y maquetación: Alba Cosío Velasco.

© PAULINAS 2025
    Carril del Conde, 62 - 28043 Madrid
    Tel.: 91 721 89 84 - Fax: 91 759 02 04
    E-mail: editorial@paulinas.es
    www.paulinas.es

© Nubar Jorge Hamparzoumian Herrero-Botas

    ISBN: 978-84-19408-60-0
    Depósito Legal: M-19222-2025

Impreso por Gar.Vi. 28970 Humanes (Madrid)
Printed in Spain. Impreso en España

Introducción

Vivimos con prisas y aparente necesidad de hacer muchas cosas. Las posibilidades son tantas que nos cuesta elegir, o peor aún, tener que renunciar a algo. Lo primero que desaparece de nuestra rutina es la oración. No el deseo de rezar, ni de tener un encuentro con Dios. Parece que no tenemos tiempo.

Esa sensación no es nueva. Pensamos que experimentamos la novedad de la realidad, pero ya otros muchos vivieron los mismo que nosotros, pero mucho antes. Y lo mejor de todo: encontraron soluciones a nuestros problemas. Pero lo más sorprendente es que muchos de ellos además vivieron las soluciones con tal coherencia que han llegado al objetivo que todos buscamos: la santidad.

Desde el siglo XIII, cuando Santo Domingo de Guzmán lo compone como arma contra las mentiras que se difundían por Europa, hasta nuestros días, el rezo del santo Rosario es remedio para muchos engaños. ¿Quieres rezar, pero dices que no tienes tiempo? Reza con el Santo Rosario. Sencillo y no necesitas mucho tiempo, ni grandes parafernalias. Necesitas el deseo de orar y de experimentar cercanía con Dios. Puedes rezarlo con otros o tu solo, aunque en cada misterio reces por otras personas y lleves contigo siempre a toda la Iglesia.

En las apariciones que ha ido teniendo la Virgen María a lo largo de los siglos, Ella ha recomendado siempre que recemos el Santo Rosario. Son muchas las promesas que ha dado la Virgen a quienes recen el Santo Rosario, desde la liberación del purgatorio, crecimiento en virtudes, hasta su maternal protección e intercesión en nuestras oraciones.

Estas meditaciones que tienes entre tus manos quieren ser una ayuda para quienes se inician en esta oración. La única indicación que me puedo atrever a dar es que cuando reces el Santo Rosario no juzgues si lo haces bien o mal, sino vete aprendiendo, repitiendo la oración y llegará un momento en el que serás un gran apóstol del Santo Rosario entre tu familia y amigos.

Rezar el Santo Rosario consuela, acompaña, inspira y nos ayuda a entrar en los misterios de la vida de Jesucristo. Él dio su vida por nosotros (también por ti que lees estas líneas y rezarás el Santo Rosario). Jesucristo nos invita a conocer su Voluntad y cumplirla. Cuando estés de un lado para otro. Cuando te vayas a dormir. Cuando esperes en la cola del médico o te agobie saber las notas de los exámenes. Cuando vuelvas de un entrenamiento o estés de viaje hacia alguna competición. Cuando te parece que no tienes nada que hacer. Cuando estés de excursión por la montaña, de romería o peregrinación. En todos esos momentos y muchos otros, deja de lado las conversaciones superficiales, guarda el móvil y reza el Santo Rosario.

En vigilante espera, cumplamos la petición de Jesucristo: *velad y orad* (Mc 13,13). Que la Virgen María te acompañe y el Espíritu Santo te bendiga.

Instrucciones
¿Cómo se reza el Rosario?

Parece más complicado de lo que es realmente. Como todo aprendizaje: tranquilo. Ya no recuerdas cuántas veces te caíste cuando aprendiste a caminar, ni cuántas veces te corrigieron cuando empezabas a escribir. A base de repetir, aprendemos, y nuestra sensibilidad y devoción se educan.

Se puede rezar con otras personas o solo. Si estás con otras personas, uno será quien dirija el rezo y el resto serán los que hagan la segunda parte. Si estás rezando solo, podrás hacerlo tú todo. Como digo, de estar con más personas, quien dirige llevará el ritmo e iniciará las oraciones. Las oraciones que más repetiremos serán el Padre nuestro, Avemarías y Gloria. De estas tres, quien dirige la oración hará la primera parte de estas oraciones y las otras personas con las que se reza, harán el resto. Por ejemplo: uno rezará

Dios te Salve, María, llena eres de gracia,
el Señor está contigo. Bendita tú eres entre
todas las mujeres y bendito es el fruto de tu
vientre, Jesús;

y el resto responderá:

Santa María, Madre de Dios, ruega por nosotros pecadores, ahora y en la hora de nuestra muerte. Amén

El rosario, si lo tienes en la mano, podrás comprobar que se compone de una Cruz y diferentes cuentas enganchadas entre sí. Cada 10 cuentas, hay un espacio seguido de otra cuenta que parece que está más sola, a la que siguen otras 10 cuentas. Las cuentas se llaman así, porque son para llevar la cuenta de las oraciones que hacemos y no perdernos, sobre todo quien dirige la oración.

Para comenzar, sosteniendo la Cruz quien dirige la oración dice:

— Por la señal de la Santa Cruz, de nuestros enemigos líbranos, Señor Dios Nuestro.

  ○ (Todos responden): *En el nombre del Padre y del Hijo y del Espíritu Santo.*

— Dios mío, ven en mi auxilio.

  ○ *Señor, date prisa en socorrerme.*

— Gloria al Padre y al Hijo y al Espíritu Santo.

  ○ *Como era en el principio, ahora y siempre, por los siglos de los siglos. Amén.*

Se enuncia en cada decena el «misterio», por ejemplo, en el primer misterio: «La Encarnación del Hijo de Dios». Cada uno de los misterios los rezamos y encomendamos alguna intención que estas páginas proponen pero que puede adaptar quien dirige la oración. Después del texto del Evangelio del cada misterio acompaña una breve reflexión y se rezan: un Padre nuestro, diez Avemarías y un Gloria, concluyendo todos con la jaculatoria.

Al final del Rosario se recita la Letanía Lauretana, u otras oraciones marianas. Y concluimos rezando por las intenciones del Santo Padre con un Padre nuestro, tres Avemarías y un Gloria, una Salve a la Virgen y la oración final.

Padre nuestro, que estás en el cielo, santificado sea tu nombre, venga a nosotros tu reino, hágase tu voluntad, en la tierra como en el cielo. *Danos hoy nuestro pan de cada día, perdona nuestras ofensas, como también nosotros perdonamos a los que nos ofenden. No nos dejes caer en la tentación, y líbranos del mal.* Amén

Dios te Salve, María, llena eres de gracia, el Señor está contigo. Bendita tú eres entre todas las mujeres y bendito es el fruto de tu vientre, *Jesús. Santa María, Madre de Dios, ruega por nosotros pecadores, ahora y en la hora de nuestra muerte. Amén*

Gloria al Padre y al Hijo y al Espíritu Santo. *Como era en el principio ahora y siempre, por los siglos de los siglos. Amén.*

Jaculatoria todos: *María, Madre de gracia, Madre de misericordia, defiéndenos de nuestros enemigos y ampáranos ahora y en la hora de nuestra muerte.*

Letanías de la Virgen

Señor, ten piedad.
Cristo, ten piedad.
Señor, ten piedad.
Cristo, óyenos.
Cristo, escúchanos.

Señor, ten piedad.
Cristo, ten piedad.
Señor, ten piedad.
Cristo, óyenos.
Cristo, escúchanos.

Dios, Padre celestial,
Dios, Hijo, Redentor del mundo,
Dios, Espíritu Santo,
Santísima Trinidad, un solo Dios,
Santa María,
Santa Madre de Dios,
Santa Virgen de las Vírgenes,
Madre de Cristo,
Madre de la Iglesia,
Madre de la misericordia,
Madre de la divina gracia,
Madre de la esperanza,
Madre purísima,
Madre castísima,
Madre siempre virgen,
Madre inmaculada,
Madre amable,
Madre admirable,

ten misericordia de nosotros.
ten misericordia de nosotros.
ten misericordia de nosotros.
ten misericordia de nosotros.
ruega por nosotros.
ruega por nosotros.
ruega por nosotros.
ruega por nosotros.
ruega por nosotros.
ruega por nosotros.
ruega por nosotros.
ruega por nosotros.
ruega por nosotros.
ruega por nosotros.
ruega por nosotros.
ruega por nosotros.
ruega por nosotros.
ruega por nosotros.

Madre del buen consejo,	*ruega por nosotros.*
Madre del Creador,	*ruega por nosotros.*
Madre del Salvador,	*ruega por nosotros.*
Virgen prudentísima,	*ruega por nosotros.*
Virgen digna de veneración,	*ruega por nosotros.*
Virgen digna de alabanza,	*ruega por nosotros.*
Virgen poderosa,	*ruega por nosotros.*
Virgen clemente,	*ruega por nosotros.*
Virgen fiel,	*ruega por nosotros.*
Espejo de justicia,	*ruega por nosotros.*
Trono de la sabiduría,	*ruega por nosotros.*
Causa de nuestra alegría,	*ruega por nosotros.*
Vaso espiritual,	*ruega por nosotros.*
Vaso digno de honor,	*ruega por nosotros.*
Vaso de insigne devoción,	*ruega por nosotros.*
Rosa mística,	*ruega por nosotros.*
Torre de David,	*ruega por nosotros.*
Torre de marfil,	*ruega por nosotros.*
Casa de oro,	*ruega por nosotros.*
Arca de la Alianza,	*ruega por nosotros.*
Puerta del cielo,	*ruega por nosotros.*
Estrella de la mañana,	*ruega por nosotros.*
Salud de los enfermos,	*ruega por nosotros.*
Refugio de los pecadores,	*ruega por nosotros.*
Consuelo de los migrantes,	*ruega por nosotros.*
Consoladora de los afligidos,	*ruega por nosotros.*
Auxilio de los cristianos,	*ruega por nosotros.*
Reina de los Ángeles,	*ruega por nosotros.*
Reina de los Patriarcas,	*ruega por nosotros.*

Reina de los Profetas,	*ruega por nosotros.*
Reina de los Apóstoles,	*ruega por nosotros.*
Reina de los Mártires,	*ruega por nosotros.*
Reina de los Confesores,	*ruega por nosotros.*
Reina de las Vírgenes,	*ruega por nosotros.*
Reina de todos los Santos,	*ruega por nosotros.*
Reina concebida sin pecado original,	*ruega por nosotros.*
Reina asunta a los Cielos,	*ruega por nosotros.*
Reina del Santísimo Rosario,	*ruega por nosotros.*
Reina de la familia,	*ruega por nosotros.*
Reina de la paz.	*ruega por nosotros.*

Cordero de Dios,
que quitas el pecado del mundo, *perdónanos, Señor.*

Cordero de Dios,
que quitas el pecado del mundo, *escúchanos, Señor.*

Cordero de Dios,
que quitas el pecado del mundo, *ten misericordia de nosotros.*

Ruega por nosotros, Santa Madre de Dios.
Para que seamos dignos de las promesas de Cristo.

ORACIÓN

Te rogamos nos concedas,
Señor Dios nuestro,
gozar de continua salud de alma y cuerpo,
y por la gloriosa intercesión
de la bienaventurada siempre Virgen María,
vernos libres de las tristezas de la vida presente
y disfrutar de las alegrías eternas.
Por Cristo nuestro Señor.
Amén.

Salve. Dios te Salve, Reina y Madre de misericordia, vida, dulzura y esperanza nuestra, Dios te salve. A ti llamamos los desterrados hijos de Eva; a ti suspiramos, gimiendo y llorando, en este valle de lágrimas. Ea, pues, Señora, abogada nuestra, vuelve a nosotros esos tus ojos misericordiosos, y, después de este destierro, muéstranos a Jesús, fruto bendito de tu vientre. ¡Oh clementísima, oh piadosa, oh dulce Virgen María!

Por las intenciones del Santo Padre. *Un Padrenuestro, tres Ave Marías y un Gloria.*

Terminamos con la señal de la Cruz diciendo:
Ave María Purísima.
Sin pecado concebida.

LUNES Y SÁBADO

PRIMER MISTERIO GOZOSO:

La encarnación del Hijo de Dios

Encomendamos a todos los catequistas, misioneros y evangelizadores.

«Al sexto mes el ángel Gabriel fue enviado por Dios a una ciudad de Galilea, llamada Nazaret, a una virgen desposada con un hombre llamado José, de la estirpe de David; el nombre de la virgen era María» (Lc 1,26-27).

Este anuncio del ángel cambió la historia; no solo la de María y José, sino también la nuestra. Sin un buen mensajero, el mensaje no se transmite. Es cierto que es necesario que el receptor del mensaje esté dispuesto y comprenda el mensaje que se le transmite. Es algo básico en toda buena comunicación. Y nosotros dedicamos mucho tiempo a la comunicación. A veces es unidireccional porque recibimos de modo pasivo anuncios y mensajes por redes sociales sin interactuar con el creador del contenido. Otras veces somos nosotros los que transmitimos el mensaje, pero suele ser a personas que conocemos.

Como cristianos tenemos el mejor mensaje, la Buena noticia, pero no siempre hacemos de buenos mensajeros ya sea por vergüenza, timidez o miedo. Que meditemos durante este misterio en quienes nos transmitieron el Evangelio.

Un Padrenuestro, diez Avemarías y un Gloria. Jaculatoria: María, Madre de gracia, Madre de misericordia, defiéndenos de nuestros enemigos y ampáranos ahora y en la hora de nuestra muerte.

Segundo Misterio Gozoso:
La visitación de María a Isabel

Encomendamos las vidas de quienes esperan, aún sin saberlo, la alegría de Dios.

«En aquellos días María se puso en camino y fue aprisa a la región montañosa, a una ciudad de Judá; entró en casa de Zacarías y saludó a Isabel. Y sucedió que, en cuanto Isabel oyó el saludo de María, saltó de gozo el niño en su seno, e Isabel quedó llena de Espíritu Santo; y exclamando a voz en grito, dijo: *Bendita tú entre las mujeres y bendito el fruto de tu seno*» (Lc 1,39-42)

El encuentro entre María e Isabel genera tanta alegría en ellas que hasta sus hijos sintieron la presencia de ilusión y gozo. Nosotros nos pasamos la vida intentando tener un encuentro con Dios; por eso seguimos rezando y pidiendo. Así como María, que llevando a Jesús en su seno, acercó al Señor a Isabel, Zacarías y Juan, nosotros tenemos desde el bautismo al Espíritu Santo con nosotros y tenemos la misma misión que tuvo María: llevar la alegría a otros, santificar nuestra vida cotidiana con el gozo de Dios. Pidamos internamente en este misterio que el Espíritu Santo no deje de darnos su fuerza para ser evangelizadores en todo momento.

Un Padrenuestro, diez Avemarías y un Gloria. Jaculatoria.

Tercer Misterio Gozoso:
El nacimiento de Jesús en Belén

Encomendamos a los niños que están por nacer y sus padres.

«Sucedió que por aquellos días salió un edicto de César Augusto ordenando que se empadronase todo el mundo. Este primer empadronamiento tuvo lugar siendo Cirino gobernador de Siria. Iban todos a empadronarse, cada uno a su ciudad. Subió también José desde Galilea, de la ciudad de Nazaret, a Judea, a la ciudad de David, que se llama Belén, por ser él de la casa y familia de David, para empadronarse con María, su esposa, que estaba encinta. Y sucedió que, mientras ellos estaban allí, se le cumplieron los días del alumbramiento, y dio a luz a su hijo primogénito, le envolvió en pañales y le acostó en un pesebre, porque no tenían sitio en el alojamiento» (Lc 2,1-7).

Los planes de Dios, por mucho que pasen los años, son sorprendentes e incluso misteriosos. ¿Un Dios que se hace niño y además nace en un lugar cualquiera? No dejará de sorprendernos, por mucho que los profetas lo anunciaran, ni entonces ni hoy entra en nuestra lógica que un Dios se haga hombre de aquella manera, en medio de cualquier sitio y por obligación de la política del mundo. Belén, la ciudad de David fue el lugar en el que Dios abrió el cielo para comenzar el mayor acontecimiento de la historia y desde el cual medimos el tiempo.

Puede que estemos buscando comprender qué quiere Dios de nosotros en este mundo y recemos para conocer su voluntad; lo rezamos para perseverar en la vocación que ya hemos aceptado. Estamos todos en búsqueda intentando ser fieles en el seguimiento de Jesucristo, pero durante este misterio meditemos por los nuevos planes que tenga Dios para nosotros y para otros, en especial por aquellos que están por nacer.

Un Padrenuestro, diez Avemarías y un Gloria. Jaculatoria.

CUARTO MISTERIO GOZOSO:
La presentación de Jesús en el templo

Encomendamos a quienes estudian, profundizan y transmiten a todos la Sagrada Escritura y la Tradición que fundamenta nuestra fe.

«Cuando se cumplieron los ocho días para circuncidarle, se le dio el nombre de Jesús, como lo había llamado el ángel antes de ser concebido en el seno. Cuando se cumplieron los días de la purificación de ellos, según la Ley de Moisés, llevaron a Jesús a Jerusalén para presentarle al Señor, como está escrito en la Ley del Señor: *Todo varón primogénito será consagrado al Señor* y para ofrecer en sacrificio *un par de tórtolas o dos pichones*, conforme a lo que se dice en la Ley del Señor» (Lc 2,21-24).

Jesús tenía una misión, una llamada y vocación, pero necesitó de otros para llevarla a cabo. Los primeros fueron sus padres que, aunque parezca curioso, presentaron a Jesús en el templo Dios. ¿Será que no estaba ya consagrado Jesús, el Hijo de Dios? Sí, pero el plan de Dios también está dentro del orden social, sin necesidad de romper con todo lo anterior. Hoy podemos querer romper con todo lo anterior como si fuera algo que encorseta, limita, asfixia, … pareciendo con nuestros juicios que no conocemos la Tradición. ¡Somos tan afortunados de tener fe! Una fe que siendo personal tiene una herencia de siglos. Vamos sobre hombros de gigantes. Que en este misterio María Santísima inspire en nosotros el deseo del estudio y mejor conocimiento de las Sagradas Escrituras y la Tradición.

Un Padrenuestro, diez Avemarías y un Gloria. Jaculatoria.

QUINTO MISTERIO GOZOSO:

El niño perdido y hallado en el templo

Encomendamos a los seminaristas, los religiosos en formación y sus formadores que nos guiarán en nuestro seguimiento de Jesucristo para no andar perdidos.

«Sus padres iban todos los años a Jerusalén a la fiesta de la Pascua. Cuando tuvo doce años, subieron ellos como de costumbre a la fiesta y, al volverse, pasados los días, el niño Jesús se quedó en Jerusalén, sin saberlo sus padres... Y sucedió que al cabo de tres días, le encontraron en el Templo sentado en medio de los maestros, escuchándoles y preguntándoles; todos los que le oían, estaban estupefactos por su inteligencia y sus respuestas» (Lc 2,41-47).

Preguntas y respuestas. El camino de seguimiento está siempre abierto. El catecismo nos responde a muchas de las preguntas que tienen que ver con nuestra fe; pero somos nosotros los que tenemos que dar respuestas, de obra y palabra, en nuestro día a día. Meditemos en este misterio las dudas que tenemos de nuestra fe, y cómo nos gustaría preguntarle a Jesucristo para que nos siga dando respuestas de Vida eterna.

Un Padrenuestro, diez Avemarías y un Gloria. Jaculatoria Letanías.
Intenciones del Santo Padre.
Salve.

MARTES Y VIERNES

PRIMER MISTERIO DOLOROSO:

La oración en el Huerto

Encomendamos a todos los que sienten tristeza, angustia, soledad y fracaso.

«Entonces Jesús fue con ellos a un huerto, llamado Getsemaní, y dijo a sus discípulos: "*Sentaos aquí mientras voy a orar*". Y tomando consigo a Pedro y a los dos hijos de Zebedeo, comenzó a sentir tristeza y angustia. Entonces les dijo: "*Mi alma está triste hasta el punto de morir; quedaos aquí y velad conmigo*". Y adelantándose un poco, cayó rostro en tierra, y suplicaba así: "*Padre mío, si es posible, que pase de mí esta copa, pero no sea como yo quiero, sino como quieras tú*"» (Mt 26,36-39).

Desde el huerto de los Olivos se podía ver el Templo de Jerusalén, y las paredes del Santa Santorum. Jesús fue allí para poder rezar mirando lo más santo que había en la tierra después de Él. Rezar a Dios Padre porque estaba angustiado y lleno de tristeza. Siente pavor con la última copa, la copa de la redención. Lo dice claro: no quiere.

Jesús sabía a lo que se enfrentaba. Nosotros vivimos situaciones que la angustia y la tristeza nos la provocan todo lo contrario: no saber qué vendrá después. Y si me equivoco. Y si esto no es lo mejor. Y si piensan de mi… Si la tristeza y angustia fueran solo un sentimiento sería el miedo. Y tenemos miedos. Muchos. Soledad. Fracaso. Desesperanza. Solo con Dios Padre es posible salir de ese agujero.

Jesús está contigo en este momento. No tengas miedo. Él está rezando, no tanto o solo por él mismo, sino todo lo contrario: por ti. Su tristeza es tu desesperanza. No tengas miedo, Él te ama y el amor vence siempre.

Un Padrenuestro, diez Avemarías y un Gloria. Jaculatoria: María, Madre de gracia, Madre de misericordia, defiéndenos de nuestros enemigos y ampáranos ahora y en la hora de nuestra muerte.

Segundo Misterio Doloroso:
La flagelación de Jesús atado a la columna

Encomendamos a quienes sufren injusticia, críticas, desprecio y humillación.

«Pilato puso en libertad a Barrabás; y a Jesús, después de haberlo hecho azotar, lo entregó para que fuera crucificado» (Mt 27,26).

Con nocturnidad y sin cumplir las normas los judíos y romanos juzgaron a Jesús. Los judíos, que decían ser los cumplidores de la ley de Dios, se la saltan porque vieron que era la única manera de eliminar y matar al único que denunciaba sus injusticias y abusos. Pilato se deja influenciar por la masa social, porque sabiendo que Jesús era inocente, prefiere mantener su imagen, fama y poder. No es capaz de cumplir con su deber legal de aplicar la ley y aplicar justicia. Era ilegal tanta humillación. Azotar ya era una condena, pero añadir además la crucifixión estaba prohibido. No había ley que permitiera la liberación de un preso por otro. Hacen todo mal, pero nadie dijo nada. Aparentemente el mal gana.

Poco hemos cambiado. No somos ni romanos, ni judíos. Pero su influencia nos ha llegado hasta nuestros días y son nuestras raíces culturales, legales e incluso hasta morales. Conocemos injusticias en nuestro entorno. Pero miramos para otro lado. Nos lavamos las manos para evitar el conflicto. Mejor no entrar en discusiones y parecer que está todo tranquilo, aunque haya una persona que sufra. Dejamos que el mal se mueva delante de nosotros con más libertad que la justicia, la verdad y el derecho.

Un Padrenuestro, diez Avemarías y un Gloria. Jaculatoria.

Tercer Misterio Doloroso:
La coronación de espinas

Encomendamos también a los que hacen sufrir, usan su poder, viven encerrados y engañados en sus falsas ideas.

«Entonces los soldados del procurador llevaron consigo a Jesús al pretorio y reunieron alrededor de él a toda la cohorte. Lo desnudaron y le echaron encima un manto de púrpura y, trenzando una corona de espinas, se la pusieron sobre la cabeza, y en su mano derecha una caña, y doblando la rodilla delante de él, le hacían burla diciendo: "*Salve, Rey de los judíos*"» (Mt 27,27-29).

Jesús es el Rey de reyes. Los judíos lo acusaban de blasfemar porque se igualaba a Dios; pero eso a los romanos les daba igual. Tenían dioses que eran mitad dios mitad hombre. Pero lo que no podían permitir era que alguien que quisiera ser más que el César de Roma. Por eso lo mandan azotar. Eso sí, sin que nadie vea el sufrimiento salvaje que sufrirá, ni el desprecio que recibirá. Desnudo, delante de los romanos, le cubren los hombros con una tela que no le tapa ni la cintura; le ponen como corona unas espinas; le entregan como cetro una caña y además se burlan de Él. Todo es una acumulación de sufrimiento como diversión.

Esta escena no la vieron ni los propios judíos. Jesús sufre tal paliza que ni ellos ven el mal que causan sus mentiras y engaños. Porque el mal siempre causa daños que nadie ve. Ese es el modo de actuar del ángel caído: lo oculto, lo oscuro, lo que nadie ve, que nadie sepa. También en nuestros pensamientos. Esos a los que no queremos enfrentarnos. A veces autodestructivos, a veces nocivos. Lo que se nos pasa por la cabeza que nadie ve, nadie sabe y no pensamos que, si no lo decimos, no pasa nada, no hacen daño. ¡A ti! ¡Ese daño que te haces, silencioso y oculto, te está matando, está llevando a Jesús a la Cruz! Le dices que le quieres, que le seguirás hasta el fin del mundo, pero te estás burlando de Él, como los romanos, cuando no quieres que conozca tus pensamientos.

Un Padrenuestro, diez Avemarías y un Gloria. Jaculatoria.

Cuarto Misterio Doloroso:
Jesús con la Cruz a cuestas camino del Calvario

Encomendamos este misterio por quienes ayudan, acompañan o cargan con los sufrimientos de otros.

«Y obligaron a uno que pasaba, a Simón de Cirene, que volvía del campo, el padre de Alejandro y de Rufo, a que llevara su cruz. Lo condujeron al lugar del Gólgota, que quiere decir de la "Calavera"» (Mc 15,21-22).

De Alejandro y Rufo hablarán las cartas de san Pablo, pero de Simón sabemos poco. ¿Es por eso menos importante? Para nada. Está en todas las iglesias, en todos los Vía Crucis, en cada rosario doloroso que alguien reza en la soledad de su vida, o con otros en peregrinación, en la parroquia o en familia. Simón iba de camino a Jerusalén, para poder celebrar la gran fiesta, y por estar en el momento y lugar que pasaba Jesús, ¡de fiesta tranquila nada! ¡Carga con la cruz de otro! Simón pensaría que: *menuda injusticia, ¡que cargue el condenado! ¿qué culpa tengo yo?* Ay, Simón, Simón ¿Quieres que hablemos de culpas? ¿Qué culpa tiene Jesús que carga con esa cruz después de tres juicios injustos? ¿Tiene culpa Jesús de nuestras faltas, que sabiendo qué quiere Dios de nosotros hacemos todo lo contrario? ¿qué culpa tiene Él, el Rey de reyes, de nuestros pecados de omisión? ¿Quieres que hablemos de culpas?

De ti Simón, hablarán todas las generaciones y te pondrán como ejemplo, pues ayudaste a que Jesús llegase al Gólgota para salvarnos, para que ninguno de nosotros tenga porqué morir sin perdón.

«¡Quiero ser el Cirineo que esté a tu lado Señor! Si él se queja, ¡déjame estar a tu lado!». Escucha con atención cómo Jesús, doloroso, pero sin perder el amor por ti te dice: *Santiago y Juan querían también estar a derecha e izquierda de Jesús, pero ¿dónde están ahora? Huyeron. Tranquilo. El de Cirene cumplirá con la misión. Se queja porque no ha visto quién soy, no me reconoce aun; pero sus hijos serán más adelante misioneros de mi Reino. ¿Quieres ayudarme? Sé igual que Alejandro y Rufo, misionero del Reino en tu día a día. Al Gólgota no tienes porqué subir tu; ya lo hice Yo por ti. Escucha qué quiero de ti: sígueme, cargando tu cruz sin dejar de anunciar la Buena Noticia.*

Un Padrenuestro, diez Avemarías y un Gloria. Jaculatoria.

Quinto Misterio Doloroso:
La crucifixión y muerte de Jesús

Encomendamos este misterio por quienes, ante todo, no pierden la esperanza y confían de corazón en Dios Padre.

«Llegados al lugar llamado "La Calavera", le crucificaron allí a él y a los dos malhechores, uno a la derecha y otro a la izquierda. Jesús decía: *"Padre, perdónales, porque no saben lo que hacen"*... Era ya eso de mediodía cuando, al eclipsarse el sol, hubo oscuridad sobre toda la tierra hasta la media tarde. El velo del Santuario se rasgó por medio y Jesús, dando un fuerte grito dijo: *"Padre, en tus manos pongo mi espíritu"* y, dicho esto, expiró» (Lc 23,33-46).

Jesús llega exhausto. Juzgado con nocturnidad. Con doble condena: azotado y después crucificado. Entre medias todas las humillaciones y desprecios. Parece el final de todo. Pero aún le quedan fuerzas para lo que ha venido al mundo. Nos perdona. No deja de perdonar. Reza este misterio para no perder la esperanza nunca y crecer en fe y humildad para pedir saber pedir perdón ante todo lo que haces, dices, piensas u omites. La muerte nos cuestiona, nos provoca la pregunta «¿cómo estás viviendo?». Todavía estás a tiempo, sigue siendo tiempo de conversión, tiempo de salvación. Haz como Jesús, que, en todo momento, incluso ahí, clavado en la Cruz, tenía los ojos puestos en Dios. Confía tu espíritu y el de las almas esperanzadas al Padre en este último misterio.

Un Padrenuestro, diez Avemarías y un Gloria. Jaculatoria.
Letanías.
Intenciones del Santo Padre.
Salve.

MIÉRCOLES Y DOMINGO

PRIMER MISTERIO GLORIOSO:
La resurrección del Hijo de Dios

Encomendamos a todos los que esperan el anuncio de Cristo.

«El primer día de la semana, muy de mañana, fueron al sepulcro llevando los aromas que habían preparado. Pero encontraron que la piedra había sido retirada del sepulcro, y entraron, pero no hallaron el cuerpo del Señor Jesús. No sabían qué pensar de esto, cuando se presentaron ante ellas dos hombres con vestidos resplandecientes. Ellas, despavoridas, miraban al suelo, y ellos les dijeron: *"¿Por qué buscáis entre los muertos al que está vivo? No está aquí, ha resucitado"*» (Lc 24,1-6).

La Resurrección es el triunfo definitivo. Podemos movernos por la vida con nuestros planes, nuestros mejores deseos, nuestros *aromas preparados* con la mejor de las intenciones para hacer el bien, pero o vivimos desde la experiencia de Jesucristo, el Resucitado que nos impulsa a anunciar la Buena

Noticia, a vivir desde la caridad a todos y a celebrar con otros que estamos en el equipo ganador porque somos cristianos, o nuestra vida será un movernos desde nuestro ombligo, nuestros criterios y nuestros pensamientos, por muy buenas obras solidarias que hagamos.

Un Padrenuestro, diez Avemarías y un Gloria. Jaculatoria: María, Madre de gracia, Madre de misericordia, defiéndenos de nuestros enemigos y ampáranos ahora y en la hora de nuestra muerte.

Segundo Misterio Glorioso:
La Ascensión del Señor al cielo

Encomendamos nuestra oración profunda y sincera, lo que pedimos al Padre cada uno.

«El Señor Jesús, después de hablarles, ascendió al cielo y se sentó a la derecha de Dios» (Mc 16,19).

Jesucristo, quien nos ha salvado, nos ha abierto también las puertas del Reino de Dios para que sigamos sus pasos. Él ocupa el lugar principal del Reino, a la derecha del Padre, para desde ahí poder hacer efectivo lo que nos dijo: «*todo lo que pidáis al Padre en mi nombre, Él lo concederá*». En su vida terrena, el que era el Verbo, nos habló a nosotros y nos comunicó lo que el Padre le dijo; tras su Resurrección y Ascensión, habla por nosotros al Padre.

Un Padrenuestro, diez Avemarías y un Gloria. Jaculatoria.

Tercer Misterio Glorioso:
La venida del Espíritu Santo

Encomendamos a los que buscan sin encontrar y viven aún en la oscuridad del agnosticismo o el ateísmo.

«Al llegar el día de Pentecostés, estaban todos reunidos en un mismo lugar. De repente vino del cielo un ruido como el de una ráfaga de viento impetuoso, que llenó toda la casa en la que se encontraban. Se les aparecieron unas lenguas como de fuego que se repartieron y se posaron sobre cada uno de ellos; quedaron todos llenos del Espíritu Santo y se pusieron a hablar en otras lenguas, según el Espíritu les concedía expresarse» (Hch 2,1-4).

Desde nuestro bautismo tenemos el mismo Espíritu que Dios envió a los discípulos. El mismo Espíritu que transmite y da a cada cual diferentes carismas. El Espíritu es tan imperceptible como el viento, pero transformó a los discípulos, que vivían con miedo, en verdaderos evangelizadores capaces de iluminar y transmitir el fuego que tenían. Sin el Espíritu, Dios está lejos y Cristo es alguien del pasado; con Él, el Evangelio sigue siendo el mejor mensaje para todos. Meditemos en este misterio a qué me llama Dios por medio del Espíritu.

Un Padrenuestro, diez Avemarías y un Gloria. Jaculatoria.

Cuarto Misterio Glorioso:
La Asunción de María al cielo

Encomendamos a quienes confían todo en Dios.

«Todas las generaciones me llamarán bienaventurada porque el Señor ha hecho obras grandes en mí» (Lc 1,48-49).

Desde el inicio hasta el final, María ha sido la puerta de gloria de Dios. Confió y aceptó el plan de Dios para que Jesús naciera y bajara del cielo; pero también permaneció con Cristo en todo momento. ¿Cómo no recordarla de generación en generación? Dios hizo gracias a ella, grandes obras… la mejor obra de la historia, la historia de Salvación, de nuestra salvación. Ella fue llevada por los ángeles al cielo por una vida desde el principio, entregada a Dios y a su voluntad. Con dolor y sin comprender del todo ganó la santidad. Ojalá nosotros sigamos sus pasos de santidad, confianza y entrega a Dios, con todo lo que implique, y así podamos puramente cumplir la voluntad de Él.

Un Padrenuestro, diez Avemarías y un Gloria. Jaculatoria.

Quinto Misterio Glorioso:

La coronación de María como Reina y Señora de todo lo creado

Encomendamos a quienes perseveran en su vocación y desean la santidad.

«Una gran señal apareció en el cielo: una mujer, vestida de sol, con la luna bajo sus pies, y una corona de doce estrellas sobre su cabeza» (Ap 12,1).

El colofón de la gloria de Dios es la coronación de María. El ángel Gabriel la cubrió con la gloria de Dios para ser la madre del Hijo y guiarlo hasta el inicio de su ministerio; y es, en este misterio, Dios mismo quien la cubre con la corona que nos ilumina a todos como estrella de la mañana y ser así ella la que nos ilumina hacia Dios. Es ella quien refleja la luz de Dios e ilumina a los santos y mártires del cielo que interceden por nosotros.

Un Padrenuestro, diez Avemarías y un Gloria. Jaculatoria.
Letanías.
Intenciones del Santo Padre.
Salve.

JUEVES

PRIMER MISTERIO LUMINOSO:

El bautismo en el Jordán

Encomendamos la vocación personal a la que estamos llamados quienes rezamos este rosario.

«Bautizado Jesús, salió luego del agua; y en esto se abrieron los cielos y vio al Espíritu de Dios que bajaba en forma de paloma y venía sobre él. Y una voz que salía de los cielos decía: *Este es mi Hijo amado, en quien me complazco*» (Mt 3,16-17).

Jesús comenzó su vida pública y su misión con la confirmación del Padre que le envío su Espíritu. Nosotros tenemos nuestra propia misión y vocación. Todos compartimos por el bautismo la misión de ser sacerdotes (cuidar de los demás), profetas (anunciar la Buena noticia) y reyes (ser líderes y dejar buen olor); pero con la confirmación recibimos de modo más maduro al Espíritu Santo. Medita en este misterio a qué te llama Dios; si lo sabes, agradece; si aún no conoces tu vocación, pídelo en cada oración.

Un Padrenuestro, diez Avemarías y un Gloria. Jaculatoria: María, Madre de gracia, Madre de misericordia, defiéndenos de nuestros enemigos y ampáranos ahora y en la hora de nuestra muerte.

SEGUNDO MISTERIO LUMINOSO:
Las bodas de Caná

Encomendamos a quienes necesitan valentía para conocer o cumplir la vocación que Dios les da.

«Tres días después se celebraba una boda en Caná de Galilea y estaba allí la madre de Jesús. Fue invitado también a la boda Jesús con sus discípulos. Y, como faltara vino, porque se había acabado el vino de la boda, le dice a Jesús su madre: *No tienen vino*. Jesús le responde: *"¿Qué tengo yo contigo, mujer? Todavía no ha llegado mi hora"*. Dice su madre a los sirvientes: *"Haced lo que él os diga"*» (Jn 2,1-5).

En el Jordán fue el Padre quien confirmaba; pero en Caná es María, la Madre de Dios, la que asegura el momento de comenzar su ministerio. Joven o no, todos obedecemos, por mucho que nos cueste. La obediencia de Jesús trajo en Caná alegría, celebración y fiesta. No tengas miedo a obedecer a la voluntad de Dios, que Él está contigo siempre. Si tienes alguna dificultad, para cumplir o conocer la vocación que Dios tiene para ti, encomiéndalo en este misterio a María Santísima.

Un Padrenuestro, diez Avemarías y un Gloria. Jaculatoria.

Tercer Misterio Luminoso:
El anuncio del Reino de Dios

Encomendamos a quienes anuncian el Reino de Dios y son perseguidos, criticados o se sienten solos por ello.

«El tiempo se ha cumplido y el Reino de Dios está cerca; convertíos y creed en el Evangelio» (Mc 1,15).

Dios nos llama a todos a la santidad. No es a la perfección, sino a ser dóciles a la voluntad del Espíritu Santo que es quien aletea y sopla en nuestra realidad actual. Sabemos y sentimos que nuestro mundo está muy necesitado; puede parecer que esté perdido. Pero no, eso son discursos de los profetas de calamidades. El Reino de Dios está cerca, pero necesitamos convertirnos, es decir, volver al origen, volver a Dios. Recuperar el tener ante los ojos primero a Dios, y creer, confiar, dejarnos atrapar por el Evangelio para ser también profetas de esperanza.

Un Padrenuestro, diez Avemarías y un Gloria. Jaculatoria.

CUARTO MISTERIO LUMINOSO:
La Transfiguración

Encomendamos a nuestros amigos.

«Seis días después, Jesús tomó consigo a Pedro, a Santiago y a su hermano Juan, y los llevó aparte, a un monte alto. Y se transfiguró delante de ellos: su rostro se puso brillante como el sol y sus vestidos se volvieron blancos como la luz» (Mt 17,1-2).

Jesús en su vida pública confió de modo más cariñoso en tres de sus discípulos: Pedro, Santiago y Juan. Les adelantó lo que verían y pasaría en el futuro. Nuestros amigos son quienes acompañan nuestra vida y nos quieren como somos. A quienes confiamos lo profundo de nuestros pensamientos, de nuestros sentimientos e incluso de nuestros miedos; con quienes queremos compartir y celebrar los éxitos y las victorias. Medita en este misterio los momentos que has pasado con amigos en donde Dios ha estado tan presente que formaba parte de ese momento, como si se hubiera transfigurado delante de vosotros.

Un Padrenuestro, diez Avemarías y un Gloria. Jaculatoria.

Quinto Misterio Luminoso:
La institución de la Eucaristía

Encomendamos a los sacerdotes, vida religiosa activa y contemplativa, que mantienen a la Iglesia unida por medio de la oración y su misión.

«Mientras estaban comiendo, tomó Jesús pan y lo bendijo, lo partió y, dándoselo a sus discípulos, dijo: *"Tomad, comed, éste es mi cuerpo"*» (Mt 26,26).

Por último y como guinda de la vida pública Jesús compartió la cena pascual, cambiando el contrato que Dios tenía con el pueblo de Israel. Solo Él podía hacer cambios, y lo hizo con su cuerpo y con su sangre. Rodeado de sus apóstoles que serían quienes lo transmitieron a otros discípulos y que nos ha llegado a nosotros. Medita en este misterio los nombres de los sacerdotes, diáconos, catequistas, que conoces y te han ayudado a vivir tu fe, a rezar y celebrar que eres católico.

Un Padrenuestro, diez Avemarías y un Gloria. Jaculatoria.
Letanías.
Intenciones del Santo Padre.
Salve.

Índice